PETIT TRAITÉ

d'Économie Politique et Sociale

à l'usage des Employés
de Chemins de fer et de tous les groupes
corporatifs

Par MM.

Henri HEYM | **Lin MILLIÉ**

PARIS

Édité par l'EMPLOYÉ de CHEMIN de FER

TYPOGRAPHIE J. COULON

15, RUE LÉCLUSE, 15

1898

PETIT TRAITÉ

d'Economie Politique et Sociale

---

*à l'usage des Employés
de Chemins de fer et de tous les groupes
corporatifs*

Par MM.

Henri HEYM | Lin MILLIÉ

PARIS

TYPOGRAPHIE J. COULON

15, RUE LÉCLUSE, 15

1898

Introduction

Nous avons cru devoir réunir, dans cette brochure, les notions élémentaires d'Economie politique et sociale, dont la connaissance est indispensable à tout citoyen.

Ce petit traité est spécialement destiné aux Agents de nos réseaux ferrés. Il est publié sur la demande d'un grand nombre d'abonnés ou lecteurs du journal "l'Employé de Chemin de Fer".

Nous dédions ce modeste ouvrage aux trois cent mille agents des Compagnies françaises.

LES AUTEURS

PRODUCTION, RÉPARTITION, CIRCULATION
et
CONSOMMATION des RICHESSES

La **Production** est un acte nécessaire à l'existence: elle permet à l'homme de subsister. Il convient que cette production soit supérieure aux besoins de la consommation pour amener la richesse.

J. B. SAY indique trois agents producteurs: le travail, le capital et la terre.

Produire, c'est augmenter la richesse d'usage et la richesse évaluée *(numéraire)*.

La production est matérielle ou immatérielle, suivant que la trace en est plus ou moins visible; mais cette distinction s'efface.

La **Répartition** des richesses doit se faire d'après les lois naturelles du travail, dans un pays laborieux où règnent les principes de justice.

C'est par l'échange que s'opère la circulation des richesses, véritable lien entre la production et la consommation. La monnaie est le premier facteur de l'échange.

La **Consommation** des richesses peut être reproductive ou improductive *(elle en crée d'autres ou elle est absorbée pour l'utilité personnelle)*.

TRAVAIL. CAPITAL. SALAIRE

Rapports entre le Capital et le Travail

Rénumération du Travail -- Participation aux Bénéfices

Le **Travail** est l'action de la puissance physique ou intellectuelle. Le travail intellectuel n'est pas, comme on serait porté à le croire, moins fatigant que l'acte physique; en outre, sa manifestation est nécessaire au bon fonctionnement de la Société et de toute organisation.

Il est indispensable que l'homme travaille pour assurer son existence et pourvoir à des besoins multiples.

Le travail est très moral, et de nombreux exemples montrent les déplorables effets de l'oisiveté.

Quant aux bénéfices procurés par le travail ils doivent se répartir en proportion des services rendus.

On est convaincu de la nécessité d'une alliance étroite entre le travail et le capital, ces deux grands facteurs de la production, ils ne peuvent se passer l'un de l'autre.

Chaque corps à une tête et des bras, et toute organisation doit aussi avoir une direction. On ne saurait mieux comparer l'union indissoluble du capital et du travail, disait un grand économiste, qu'à la figure présentée par une paire de ciseaux.

Le capital n'est pas le tyran du travail, et il est regrettable que certains politiciens cherchent à répandre ces théories malsaines dans la masse des travailleurs, où leur introduction peut être aussi funeste que le débit des alcools frelatés.

Le **Capital** implique une idée de possession. On ne saurait dire toutefois qu'il représente l'ensemble des moyens de production. C'est généralement un fonds disponible, une accumulation qui permet de faire travailler, de produire.

Nous ne conseillerons pas aux employés, aux ouvriers, de s'absorber dans la lecture du "*Capital*" de KARL MARX ou autres ouvrages dont l'esprit politique a éliminé toute idée de justice et de raison.

L'exploitation de l'homme par ses semblables a existé dans tous les temps; et ces prétendus libertaires ou anarchistes ne s'exploitent-ils pas entre camarades?

On donne le nom de **Salaire** à la **rénumération** du **travail**. La règle fondamentale du salaire établit que cette rénumération tend à se rapprocher de la valeur commerciale du résultat obtenu par le travail. C'est la dette "*acquittée*" par le capital envers le travail.

Le salaire est soumis à des lois naturelles qui ne sauraient être modifiées par le socialisme ou le collectivisme.

Les grèves, en provoquant l'émigration de l'industrie et l'amoindrissement du capital, de la production, font baisser les salaires et réduisent l'ouvrier à la misère.

On cherche partout à améliorer, à augmenter la rénumération du travail, et les grandes Compagnies ne sont pas sans s'occuper de cette importante question. Ne font-elles pas de grands efforts pour amener des rapports plus étroits entre le travail et le capital?

Il nous a paru intéressant de reproduire un passage du remarquable discours prononcé par Mr **BLANCHELAND** à la 5e fête annuelle des employés du réseau d'Orléans (1898).

« . . . .

« Je viens de dire que cette fête est une fête de famille; et, Messieurs, ne l'est-elle pas en réalité? De même que, dans la famille, nous trouvons, d'un côté, l'autorité représentée par les parents, de l'autre le respect et l'obéissance représentés par les enfants, ainsi dans toute société, quelle qu'elle soit, nous retrouvons les deux mêmes éléments: des chefs, c'est-à-dire l'autorité; des subordonnés, c'est-à-dire le respect et l'obéissance; partout il faut des supérieurs et des inférieurs, des maîtres et des serviteurs. Et tels que dans la famille les enfants sont unis aux parents par les liens de l'amour, telle ainsi l'amitié doit unir, dans toute société, patrons et employés, chefs et subordonnés. Voilà, du moins, la famille, la société comme elles doivent être.

« Je sais bien que souvent, aujourd'hui, il n'en est pas ainsi et que, du côté des inférieurs, il s'élève des plaintes et des murmures. Je n'ai pas à discuter les raisons qu'ils invoquent; elles peuvent avoir quelquefois leur valeur; ce qu'on peut dire, c'est qu'ils sont en contradiction avec ce qui a toujours existé.

« Votre présence ici, mes chers camarades, témoigne bien de l'esprit de **discipline** et de **solidarité** qui nous anime. Nos chefs ont compris qu'il ne suffit pas au patron de payer à l'ouvrier son **salaire**, ils savent que le serviteur a maintes fois besoin de l'appui de son maître; ils se disent que ces employés, que ces ouvriers ne doivent pas être des parias, que ce sont des hommes comme les autres, ayant à élever une famille, nombreuse souvent, et qu'ils ont besoin, pour vaincre les difficultés de la vie, avec lesquelles ils sont aux prises bien des fois, de paroles d'encouragement et de témoignages d'affection de la part de leurs supérieurs. C'est pourquoi, chaque année, nous voyons les chefs les plus éminents de notre Compagnie venir s'asseoir à notre table en nous tendant une main amie. Et que l'on ne vienne plus nous dire que nos fêtes demeurent infécondes : n'oublions pas, en effet, que c'est sur un vœu exprimé l'année dernière à cette table que les quatre permis de circulation annuels ont été accordés à nos familles.

« Je crois être l'interprète de l'assemblée entière en priant M. le Chef de l'Exploitation de vouloir bien transmettre à M. le Directeur l'expression de la vive reconnaissance avec laquelle cette mesure gracieuse a été accueillie par le personnel.

« Nous vous remercions, Monsieur le Chef de l'exploitation, qui avez bien voulu venir jusqu'à nous relever l'éclat de notre fête par votre présence et nous engager à continuer notre œuvre de concorde et de confraternité.

« Nous vous remercions aussi Mesdames, pour l'empressement et l'amabilité avec lesquels vous avez répondu à notre invitation.

« Nous ne devons pas vous oublier non plus dans notre reconnaissance, Messieurs les membres de la presse, qui, chaque année, venez aider les chefs et les agents de la Compagnie d'Orléans dans le programme de paix et d'union qu'ils se sont tracé.

« Merci, chers camarades, d'être venus en

si grand nombre montrer que, vous aussi, vous comprenez que les serviteurs dévoués font les bons maîtres; que les employés et ouvriers laborieux font les bons chefs et que le vrai chemin de **l'honneur** est celui du **travail**. »

A cette même réunion amicale, Mr CARRIER a fort judicieusement déclaré que, sans travail, il ne peut y avoir de capital, et que sans capital, il ne peut y avoir de travail. De la bonne harmonie entre ces deux éléments, a-t-il ajouté, dépendra la solution de la question sociale.

On préconise beaucoup le système de la **participation aux bénéfices**, et un grand nombre d'administrations sont déjà entrées dans cette voie. Les économistes prétendent qu'elle flatte l'amour-propre de l'employé, de l'ouvrier et que tout le monde s'intéresse alors à la bonne marche des affaires. On ne saurait nier, en effet, sa portée morale. Peut-on généraliser cette mesure ? Il serait difficile de répondre affirmativement. Une étude sérieuse s'impose, mais c'est une question où l'intervention de l'Etat ne saurait être réclamée.

Certaines Compagnies ou Administrations préfèrent accorder des Gratifications, dont elles trouvent la répartition plus juste, plus rationnelle.

Il s'est fondé à Paris une société pour l'étude pratique de la participation du personnel dans les bénéfices, et elle a été reconnue d'utilité publique.

PRODUIT, REVENU

Le **Revenu** découle du produit brut et du produit net, que l'on obtient au moyen du travail et des capitaux.

Le salaire est un revenu pour l'ouvrier, et les bénéfices constituent le revenu du Capital.

Quant au revenu National, il se compose généralement des recettes budgétaires. Certains économistes appellent également revenu d'Etat ou National la totalité des revenus particuliers.

Échange, Valeur, Monnaie

L'**Echange** est le "*troc*" fait par une personne ou une maison de commerce d'une richesse possédée contre une autre qu'il y a intérêt à s'approprier.

La **Valeur** est une qualité inhérente aux richesses; c'est aussi la proportion, le rapport des richesses entre elles. On peut dire que la valeur représente le taux, le prix. Il y a la valeur d'usage et la valeur d'échange.

La **Monnaie**, que l'on considère comme le premier facteur et le meilleur instrument des échanges, sert à établir la valeur des richesses.

Dans les temps primitifs et encore dans certaines colonies ou contrées sauvages, l'échange se fait par le troc des métaux, produits de la terre ou objets fabriqués, auxquels on attribue une valeur relative conventionnelle.

CRÉDIT

Le **Crédit** est le délai, l'ajournement accordé pour liquider une dette. Cette institution du crédit rend les plus grands services au commerce et à l'industrie.

Qui ne connaît le fonctionnement de ces grands établissements que l'on nomme Crédit foncier, Crédit industriel et commercial, etc.....

Il s'est fondé des sociétés "*coopératives*" de Crédit, des banques populaires et des Caisses agricoles. Nous faisons des vœux pour le développement de cette assistance mutuelle.

« J'ai foi en la coopération de crédit parce qu'en elle réside un des plus sûrs moyens de relèvement économique et d'amélioration sociale . . . . en apprenant aux travailleurs à s'unir, à s'entr'aider, elle contribue à l'apaisement des esprits. »

CHARLES RAYNERI
**Vice-Président du Centre fédératif
du crédit populaire en France**

Tout le monde a suivi les discussions auxquelles a donné lieu le projet relatif à la création du crédit agricole.

Plusieurs maisons vendent à crédit aux

employés et ouvriers les objets nécessaires à leur subsistance et à leur bien-être.

On appelle **Crédit public** les avances qui sont consenties à un Gouvernement, à un Etat. Ces opérations donnent lieu à des *"emprunts"*. L'Etat peut se libérer par *"l'amortissement"* ou la *"conversion"* et il diminue alors la *"dette publique."*

ÉPARGNE

L'Épargne est considérée comme le bénéfice de la richesse "*d'usage*" et, par extension, de la richesse "*évaluée*".

Il faut développer le goût de l'épargne qui est un sentiment naturel chez l'homme laborieux. C'est dans ce but qu'ont été instituées les Caisses d'épargne que nous voyons fonctionner et progresser en France et à l'Etranger.

L'Etat et plusieurs Administrations cherchent à propager ces idées parmi les écoliers ou apprentis dont le travail et l'assiduité méritent quelque encouragement, et il est distribué un grand nombre de livrets de Caisse d'épargne à ces jeunes gens.

LUXE

L'excès de richesse " d'usage " s'appelle luxe.

Économistes et moralistes de tous les temps vous ne cessez de déplorer le luxe, dont le développement marche souvent plus vite que le progrès réel; mais aucune mesure ne paraît pouvoir appuyer efficacement vos justes critiques. On a réclamé l'intervention de l'État, en cherchant à provoquer la création d'impôts qui frapperaient particulièrement la consommation ou les objets de luxe.

Les lois établies par les Grecs et les Romains ne sont pas de nature à encourager l'emploi de pareils moyens.

Nous croyons qu'un impôt "spécial" sur le luxe produirait un résultat aussi négatif que la majoration excessive des droits sur l'alcool.

A notre avis, l'action de l'État doit se borner à rechercher l'augmentation progressive des impôts qui s'appliquent aux objets de luxe et à dégrever les taxes qui frappent trop lourdement les produits de première nécessité.

L'ETAT
Son rôle et ses limites

L'Etat, c'est la collectivité des individus qui appartiennent à une même nation.

On confond souvent les mots Etat et Gouvernement, entre lesquels il existe une petite nuance. L'Etat est immuable, alors que le Gouvernement constitue plutôt l'exercice du pouvoir et de la représentation Nationale. Le nom de Constitution est donné à l'ensemble des lois, des règles qui, dans un pays, forment le Gouvernement.

Nous entendons fréquemment dire: *"L'Etat devrait s'occuper de cette question ?"* Pourquoi réclamer cette intervention qui ne peut que nuire à l'initiative individuelle.

Le rôle de l'Etat, d'un Gouvernement sage, doit se borner à faire respecter le droit de tous les Citoyens, à assurer la sécurité intérieure et extérieure. Il peut aussi, par une bonne Administration, augmenter la prospérité du pays; et c'est en provoquant des lois utiles qu'il favorise le développement de la richesse économique. Mais l'Etat a ses limites et son action ne peut se substituer à celle des particuliers: On doit plutôt le considérer comme un encouragement et un adjuvant.

ASSOCIATIONS

SOCIÉTÉS COOPÉRATIVES de PRODUCTION
de CONSOMMATION et de CRÉDIT

Institutions de Prévoyance et d'Assistance Mutuelle

Caisses de Retraites et d'Assurance

ACCIDENTS du TRAVAIL

SYNDICATS

L'union de plusieurs individus dans un but commun est une **Association**. Ce groupement constitue une force considérable.

Les collectivités qui ont un but moral, intellectuel, sont des associations "*immatérielles*". Dans cette catégorie, se trouvent les congrégations religieuses, les sociétés de bienfaisance.

Parmi les associations "*matérielles*" c'est-à-dire celles qui recherchent la production, le bénéfice ou un avantage quelconque, se placent les **Coopératives**.

L'avenir des masses laborieuses est dans l'association, la Coopération.

On doit chercher à rapprocher les hommes les uns des autres, à les grouper: c'est le meilleur moyen de pratiquer la fraternité.

Il convient de citer une institution très sérieuse et qui compte un grand nombre d'adhérents; nous avons nommé l'Association fraternelle des Employés de Chemins de fer.

« Quand on est d'accord et qu'on fraternise on peut tout oser pour le genre humain ».

Edouard MONOD

Évitons la politique qui sème presque toujours la défiance et la haine. Gardons-nous aussi de cette illusion qui pourrait nous porter à croire que la Coopération est susceptible de remplacer, de déplacer le Capital.

La Coopération a un champ très vaste à exploiter, notamment en ce qui concerne les Associations de Crédit, de Consommation, voire même de production. Mais il faut laisser de côté les services publics ou grandes entreprises qui demandent des capitaux élevés et une puissante organisation.

Les Sociétés coopératives de **production** rencontrent des difficultés pratiques qui nuisent à leur développement, aussi sont-elles moins nombreuses que les coopératives de **Consommation**.

Les Sociétés de production organisées par les syndicats agricoles obtiennent de meilleurs résultats que les coopératives ouvrières de même nature. Cette supériorité réside principalement dans le mode de production qui est essentiellement différent. Les associations agricoles se groupent uniquement pour créer des offices de vente chargés d'écouler les produits à un prix plus rénumérateur.

Les Sociétés coopératives de Consommation fournissent les denrées ou objets nécessaires aux associés, qui ont également droit à la répartition des bénéfices.

« Il y a beaucoup de manières de s'entr'aider et une des plus simples est de fonder une société coopérative de consommation » (*Almanach de la coopération française*).

On compte près de 1400 sociétés françaises de Consommation, et leur nombre tend chaque jour à s'accroître, en présence des bienfaits qu'elles procurent aux classes laborieuses.

« Les Coopératives devraient, à l'exemple de la " *Fédération des Sociétés de Consommation des employés du P.-L.-M.* ", s'organiser en groupes régionaux, connaissant mieux leurs ressources propres, en même temps que les difficultés locales ».

H. DE LARNAGE
Vice-Président des Sociétés Coopératives
de Consommation.

Dans la " *Correspondance économique* " Mr ROSTAND montre les avantages moraux résultant des **associations coopératives de Crédit.**

C'est l'intérêt même, dit-il, qui, dans les institutions de crédit coopératif, force d'être honnête.

Elles enseignent la modération au gain, presque le désintéressement.

Elles enseignent la volonté, la prévoyance, la persévérance, qui seules peuvent procurer, par la confiance **méritée, le crédit.**

Elles enseignent encore la générosité, l'aide réciproque, la fraternité.

Mʳ ROSTAND termine en disant que ces enseignements moraux ne se retrouvent pas dans le socialisme, et l'évènement de chaque jour confirme cette assertion.

Des congrès coopératifs ont été tenus à Grenoble, Lyon et Paris.

Il s'est fondé des coopératives pour la construction de maisons ouvrières et il existe une Société française d'habitations à bon marché, reconnue d'utilité publique.

L'Etat et les Administrations publiques suivent avec intérêt le développement des **institutions de prévoyance et d'assistance mutuelle.**

Les Compagnies de chemins de fer, chaque fois qu'elles ont vu se former un groupement utile, n'ont pas hésité à encourager ces associations.

Le rapport des Assemblées de la Compagnie P. L. M. en 1898, résume la situation des institutions patronales; elle fait le plus grand honneur à la Compagnie; les écoles et les ouvroirs sont de plus en plus fréquentés; les maisons construites sont constamment occupées, les 14 orphelinats comptent 158 enfants. Le total général des dépenses faites en vue de l'assistance du personnel se sont élevées, en 1897, à 13 millions 030.700f. somme qui représente 29 0/0 du dividende attribué aux actionnaires.

Les dépenses de la Compagnie de l'Est en faveur de son personnel se sont élevées, en 1897, à 8.939 173 frs. Les mêmes frais, pour le réseau d'Orléans, montent à ~~7.300.000 frs~~(1) ces chiffres sont plus éloquents que tous les discours.

On voit que les différentes Compagnies cherchent à améliorer la situation de leurs agents — et il y a certainement quelque chose à faire. —

Mr MÉLINE, Président du Conseil des ministres, déclarait récemment à la tribune du Parlement que " *la mutualité, c'est la solution pacifique du problème social* ".

Nous croyons fermement, pour notre part, que la coopération et la mutualité sont appelées à résoudre cette question sociale, dont tout le monde parle aujourd'hui.

Le collectivisme — le communisme — ne donnera pas la solution du problème, parce qu'il

(1) Lire : 8. 893. 000 francs.

ne peut établir l'égalité parfaite entre les hommes; Tous les individus ne sont pas également intelligents et laborieux !

Une loi réorganisant les **Sociétés de secours mutuels** vient d'être promulguée. Elle maintient, en les élargissant, les trois catégories créées par le décret de 1852 : Sociétés libres, Sociétés approuvées et Sociétés reconnues d'utilité publique.

Les Sociétés de secours mutuels, sont des associations qui se proposent d'atteindre un ou plusieurs des buts suivants: assurer à leurs membres participants et à leurs familles des secours en cas de maladie, blessures ou infirmités; contracter à leur profit des assurances individuelles ou collectives, en cas de vie, de décès ou d'accidents; pourvoir aux frais des funérailles et allouer des secours aux ascendants aux veufs, veuves ou orphelins des membres participants décédés.

Le dernier rapport officiel sur la mutualité en France, donne les renseignements les plus satisfaisants: les Sociétés de secours mutuels sont actuellement, dans notre pays, de 10. 588 comprenant 1. 599. 438 membres honoraires ou participants, soit, sur le précédent recensement annuel, une augmentation de 260 sociétés et de 16. 000 membres. Les recettes totales ont atteint environ 33 millions, les dépenses totales 30 millions, dont la moitié à peu près doit être imputée aux secours de maladie. Enfin, pour terminer cette statistique, l'avoir total des Sociétés mutuelles s'élève actuellement à 227 millions.

La loi sur les Sociétés de secours mutuels a été suivie de la création d'une **Caisse de prévoyance entre les marins français**. Cette caisse rendra de grands services à nos populations maritimes, en assurant un meilleur sort aux veuves et aux orphelins. La proposition de cette loi fait le plus grand honneur à M. LE MINISTRE DE LA MARINE et à M. LE MYRE DE VILLERS, qui en fut le rapporteur.

L'Association de prévoyance des employés civils de l'Etat est connue de tous ceux qui s'intéressent à cette corporation nombreuse et honnête. Plusieurs de ses membres ont eu l'heureuse idée de compléter cette œuvre utilitaire en y joignant, sous le nom de **solidarité administrative**, une coopérative dont le but est de faire profiter les employés des avantages offerts par l'assurance sur la vie. Le but de cette Société est surtout de procurer des ressources aux familles privées de leur chef.

Cet exemple ne pourrait-il pas être suivi par les agents de chemins de fer ? Ils obtiendraient, en formant une sorte de solidarité corporative, qui grouperait le personnel de tous les réseaux, de sérieux avantages. Cette assurance sur la vie viendrait en aide aux veuves et aux orphelins.

Les assurances ouvrières contre les maladies, les accidents et le chômage involontaire ont permis à beaucoup de travailleurs de supporter des revers.

A l'étranger, et notamment en Allemagne, ces caisses d'assurances sont très répandues et elles sont complétées par des sociétés de retraites qui versent une pension aux vieillards et aux infirmes. Puisque nous parlons de l'Allemagne, il convient de dire que, dans ce pays, l'assistance obligatoire est assurée par les communes et les provinces. L'intervention de l'Etat est quelquefois réclamée.

Nous croyons que la nouvelle législature s'occupera de cette importante question des retraites ouvrières et de l'assistance. On a même parlé d'un projet dû à l'initiative du Gouvernement et préparé par le Conseil d'Etat. Ce projet, qui maintiendrait à l'assistance son caractère essentiellement communal, assurerait une subvention départementale aux communes pauvres. L'Etat apporterait également son concours pécuniaire.

Les œuvres philanthropiques se multiplient et revêtent toutes les formes de l'assistance.

Nous lisions dernièrement, dans le " *Petit Parisien* " sous la signature de JEAN FROLLO, un article que nous regrettons de ne pouvoir reproduire en entier, mais dont un passage mérite d'être placé sous les yeux de nos lecteurs :

" L'assistance par la terre. "

« Quand on voyage par chemin de fer, on remarque, auprès des gares ou des barrières, de petits jardins soigneusement entretenus, en bordure de la voie. La maison du garde-barrière y est attenante. C'est là du terrain mis par la Compagnie à la disposition de ses employés. Le terrain qui protège la ligne ferrée resterait improductif ; les travailleurs, à qui on donne le droit de le cultiver, lui font produire les légumes et les fruits nécessaires à l'alimentation. Ils trouvent donc ainsi le moyen de se créer des ressources nouvelles, d'augmenter leur salaire.

« Evidemment, c'est de cet exemple que se sont inspirés les créateurs de jardins d'ouvriers qui, en différents endroits, ont eu l'idée de confier des terrains aux travailleurs des villes. L'expérience a, d'ailleurs, parfaitement réussi. »

La Société Nationale d'Horticulture, sur l'initiative de l'un de ses secrétaires, Mr ERNEST BERGMAN, a décidé de mettre un certain nombre de médailles (*or, argent, vermeil et bronze*) à la disposition d'un jury spécial chargé de récompenser les chefs de gare dont les jardins seraient les mieux tenus, et les Compagnies de chemins de fer ont informé la dite Société qu'elles étaient favorables à cette idée. En conséquence, le Conseil d'Administration de la Société Nationale d'Horticulture vient de voter une somme de cinq cents francs pour être distribuée, cette année, en médailles, aux chefs de gare ayant créé et entretenu les jardins les plus remarquables.

Pour 1898, les deux réseaux visités seront l'Est et le Nord.

La Société va demander aux Compagnies intéressées un libre parcours pour que sa Commission *(trois membres)* puisse visiter les jardins qui lui sont signalés par ces Administrations.

Nous espérons que les Compagnies de chemins de fer encourageront cette bonne et généreuse initiative de la Société Nationale d'Horticulture.

L'œuvre **d'assistance par le travail** est une institution qui remonte déjà à plusieurs années et qui a rendu les plus grands services. Ces sociétés, répandues dans toutes les villes importantes, ont pu sauver un grand nombre de malheureux ouvriers qui seraient tombés dans le vagabondage. L'Assistance par le travail a été créée sur le modèle des " *Work houses* " de l'Angleterre.

Nous ne pouvons entrer dans le détail de l'assistance publique, religieuse ou privée, mais il est permis de dire que tout nécessiteux peut être secouru. Malheureusement, les mendiants, les professionnels, font beaucoup de tort aux " *vrais pauvres* " qui sont souvent inconnus.

Les œuvres d'assistance morale se multiplient également. Une société de patronage, " l'Association des instituteurs pour l'éducation physique de la jeunesse ", se propose d'organiser et d'annexer à ses salles de gymnastique et d'escrime, un cabinet populaire de lecture analogue aux " **Free Public Libraries** " qui fonctionnent en Angleterre et qui ont donné les meilleurs résultats.

Puisque nous parlons de cette intéressante question des Bibliothèques populaires, nous ne croyons pas devoir passer sous silence la lettre qui nous a été adressée par un employé de chemin de fer.

« Je viens vous soumettre quelques idées au sujet de l'instruction professionnelle des agents de chemins de fer.

« **Les Compagnies s'efforcent, chaque jour, d'améliorer la situation matérielle de leurs employés;** mais la question intellectuelle est toujours négligée.

« Le recrutement des agents se fait parmi des jeunes gens presque tous pourvus d'une instruction élémentaire; quelques-uns cependant sortent des écoles secondaires ou possèdent un titre universitaire. Les employés, qui aspirent à s'élever dans la hiérarchie, doivent être aptes à traiter les questions les plus diverses, et l'instruction qu'ils ont reçue à l'école primaire ne leur suffit plus. Les règlements et ordres généraux, la comptabilité des différents services, les tarifs et conventions qui régissent les transports, la géographie et la législation des chemins de fer, telles sont les diverses questions qu'ils doivent approfondir pour rendre des services et par suite mériter de l'avancement. Le jeune employé de bonne volonté, ayant assez d'énergie et un fonds d'instruction suffisant, pourra acquérir par lui-même ces connaissances indispensables, s'il a à sa disposition tous les documents utiles. Mais où trouvera-t-il ces éléments?

« Dans chaque bureau, il y a généralement une collection complète des règlements et instructions de la Compagnie. Pour les étudier, il faudrait avoir beaucoup de temps disponible, et ce n'est pas le cas des agents de chemins de fer. D'autre part, il n'est pas possible, sans nuire au service, de laisser emporter cette collection par les employés.

« Afin de remédier à cet inconvénient, ne pourrait-on pas créer, dans certains centres, des bibliothèques destinées à fournir aux agents désireux de s'instruire tous les livres ou documents nécessaires? Cette organisation n'est pas impossible.

« Que devraient contenir les bibliothèques? Une ou plusieurs collections de tarifs, règlements, ordres généraux, ordres de service et instructions des différents réseaux, guides, manuels, etc. ... Les Compagnies n'hésiteraient pas à doter les bibliothèques de ces ouvrages.

« Chaque agent pourrait ainsi consulter, soit sur place, soit à domicile, les instructions propres à développer sa valeur professionnelle.

« Une légère cotisation permettrait l'acquisition de certains ouvrages traitant spécialement des questions de chemins de fer et l'abonnement à un ou plusieurs journaux professionnels.

« Quant à l'employé, qui a reçu une instruction insuffisante, quels que soient sa bonne volonté et son désir d'acquérir les connaissances indispensables, il ne peut, abandonné à lui-même, travailler efficacement. C'est alors que l'organisation de cours s'imposerait ! On rencontrerait certainement, parmi les habitués de la bibliothèque, des agents qui seraient tout disposés à mettre leur savoir à la disposition des camarades moins favorisés : ils trouveraient leur récompense dans la satisfaction du devoir accompli et des services rendus, et ils donneraient un bel exemple de confraternité.

« Des bibliothèques, des cours ou conférences analogues existent dans les régiments. Pourquoi ne pas suivre cet exemple au chemin de fer ? »

Cette idée est excellente et nous sommes persuadés que les Compagnies ne marchanderont pas leurs encouragements et un concours efficace à cette œuvre éminemment utile.

La Compagnie des chemins de fer du Nord a installé, plus particulièrement à l'intention de ses employés, une salle de lecture et de jeux

(*Boulevard Barbès*) où on ne consomme aucune boisson alcoolique.

Cette " *Salle de lecture et de conversation pour hommes et jeunes gens* " fonctionne depuis le mois de Mars 1896, au N° 56 du boulevard Barbès. On a cherché, en fondant ce lieu de réunion, à mettre à la disposition des ouvriers et petits employés, dans ces quartiers si populeux de la Chapelle et de Montmartre, un local aussi confortable que possible où les adhérents pourraient, 3 fois par semaine, passer leurs soirées et causer, lire, fumer et jouer en prenant, s'ils le désirent, les consommations mises à leur disposition, consommations d'où l'alcool, même sous ses formes les plus atténuées, est rigoureusement proscrit.

Moyennant une cotisation de 25 centimes par mois, tout adhérent a droit à profiter d'une bibliothèque de plus de 500 volumes de voyages et de romans, des journaux mis à sa disposition, de conférences faites une fois par mois, des concerts ou des distractions qu'on multiplie le plus possible.

A part cela, moyennant un prix uniforme de 0 f. 10 c. ils peuvent déguster à leur choix une tasse de café, de thé, de chocolat ou de lait. En une année, 152 séances, il a été consommé 1.055 tasses de café, 972 de chocolat, 276 de thé, 147 de lait et 175 verres de sirop.

(*Bulletin de la Société française de tempérance*).

La coopération et la mutualité apprennent aux travailleurs à se grouper, à s'aider les uns les autres et à profiter de leurs moments de loisir pour s'instruire.

———

Les risques professionnels, qui sont supportés quelquefois par tous ceux qui exercent le même métier, sont mis généralement à la charge de *"l'employeur"*. Beaucoup d'industriels ont pris le parti — comme certaines coopérations ouvrières d'ailleurs — de s'abonner à certaines Sociétés ou **Caisses d'assurances.**

Une loi sur les **responsabilités des accidents** dont les ouvriers sont victimes, vient d'être votée par le Parlement. Elle modifie les règles du code civil et celles du contrat de louage. Cette loi se divise en cinq titres :

Le premier concerne les indemnités en cas d'accidents ; le second, la déclaration des accidents et les enquêtes ; le troisième, la compétence, les juridictions, la procédure, la révision ; le quatrième, les garanties ; le cinquième, les dispositions générales.

L'ARTICLE 1er porte que les accidents survenus par le fait du travail ou à l'occasion du travail aux ouvriers et employés dans l'industrie du bâtiment, les usines, manufactures, chantiers, les **entreprises de transport par terre et par eau**, de chargement et de déchargement, les magasins publics, mines, minières, carrières, et, en outre, dans toute exploitation ou partie d'exploitation dans laquelle sont fabriquées ou mises en œuvre des matières explosives ou dans laquelle il est fait usage d'une machine mue par une force autre que celle de l'homme et des animaux, donnent droit au profit de la victime ou de ses représentants à une **indemnité** à la charge du chef d'entreprise, **à la condition que l'interruption de travail ait duré plus de quatre jours.**

Les ouvriers et employés dont le salaire annuel dépasse 2.400 francs ne bénéficient des dispositions de la loi que jusqu'à concurrence de cette somme ; pour le surplus, ils n'ont droit qu'au quart des recettes en indemnités stipulées par elles, à moins de conventions contraires quant au chiffre de la quotité.

L'incapacité de travail absolue et permanente donne droit à une rente égale aux deux tiers du salaire annuel ; l'incapacité partielle et permanente, à une rente égale à la moitié de la réduction que l'accident aura fait subir au salaire ; l'incapacité temporaire à une indemnité journalière égale à la moitié du salaire touché au moment de l'accident, si l'incapacité de travail a duré plus de quatre jours, et à partir du cinquième jour.

Lorsque l'accident est suivi de **mort**, une **rente viagère** est payée à son conjoint, à ses enfants ou à défaut, aux ascendants et descendants à sa charge.

L'ensemble de ces rentes, dont le taux est fixé par la loi même pour les différents cas, ne peut dépasser 60 0/0 du salaire. Le chef d'entreprise supporte, en outre, les frais médicaux et pharmaceutiques et les frais funéraires.

Le paiement de l'indemnité due aux victimes est assuré par les soins de la **Caisse Nationale de retraites pour la vieillesse**, au moyen d'un fonds spécial de garanties dont la gestion est confiée à la dite Caisse et qui se trouve alimenté par quatre centimes additionnels ajoutés à la contribution des patentes des industriels et, pour les mines, une taxe de cinq centimes par hectare concédé.

Quant à la procédure spéciale, en cas de litige, elle a pour objet d'accélérer notablement le règlement des contestations.

Telles sont, rapidement analysées, les dispositions principales de la loi nouvelle.

***

Les Syndicats existaient avant la loi de 1884, qui les a reconnus et légalisés. Cette loi a été inspirée par sentiment de justice et par une conception hardie de l'organisation des forces sociales.

Les auteurs de la loi de 1884, ne se laissèrent pas décourager par les objections présentées. On prétendait que les syndicats ne seraient que des instruments de grèves et des armes révolutionnaires.

Certains pertubateurs de profession ont cherché à accaparer l'influence naissante des syndicats. Pour mettre un terme à cette fâcheuse ingérence, il suffit que les travailleurs s'inspirent de leurs véritables intérêts professionnels. Il est instructif de comparer la prospérité des syndicats qui restent purement corporatifs et le piteux échec des associations où s'est infiltrée la politique.

M⁏ WALDECK-ROUSSEAU vient de prononcer à Roubaix un discours très documenté sur cette importante question, et il a indiqué le but à poursuivre par les syndicats. Le progrès à accomplir, ce sera de renforcer les motifs qu'ils ont déjà pour se défier des vaines agitations et pour se cantonner dans la recherche des avantages pratiques. Le moyen que propose M⁏ WALDECK-ROUSSEAU, en accord avec nombre de très bons esprits, ce serait de donner aux syndicats le droit de posséder. Les circonstances lui paraissent des plus favorables. La propriété est une source de sagesse et de dignité; elle est éminemment moralisatrice.

Les syndicats agricoles, dont nous avons déjà eu l'occasion de dire quelques mots, rendent de sérieux services aux propriétaires et aux fermiers qui s'unissent pour acheter des animaux, engrais, plants, instruments. Ils ont également organisé des offices pour la vente des produits agricoles ou viticoles. Animées généralement d'idées libérales, ces associations ne s'occupent pas de politique et leurs progrès n'en sont que plus rapides.

Les Anglais ont leurs *" trade unions "* associations qui ont paru inspirer les créateurs de nos syndicats. Ces unions montrent un but pratique, des principes de modération et de sagesse qui ont permis aux ouvriers d'obtenir des résultats très appréciables.

Il y a un principe de la loi du 21 Mars 1884 qui a été souvent perdu de vue par les syndicats; nous voulons parler de l'article 3.

" Les Syndicats professionnels ont **exclusivement** *pour objet l'étude et la défense des intérêts économiques, industriels, commerciaux et agricoles "*.

Ces sages prescriptions de la loi n'ont-elles pas été perdues de vue par le syndicat des employés de chemins de fer? Cette association, comme le faisait remarquer dernièrement Mr Noblemaire, n'est elle pas irrégulièrement constituée ?

Nous ne nous permettrons pas de répondre affirmativement, mais nous posons ces deux questions au personnel sage et laborieux des grands réseaux français, et nous serions heureux de connaître leur opinion ?

LOI DU 21 MARS 1884

relative à la création de Syndicats professionnels

Article Premier — Sont abrogés la loi des 14-27 Juin 1791 et l'article 416 du Code pénal.

Les article 291, 292, 293, 294 du Code pénal et la loi du 18 Avril 1834 ne sont pas applicables aux syndicats professionnels.

Art. 2 — Les syndicats ou associations professionnels, même de plus de vingt personnes exerçant la même profession, des métiers similaires ou des professions connexes concourant à l'établissement de produits déterminés, pourront se constituer librement sans l'autorisation du gouvernement.

Art. 3 — Les syndicats professionnels ont exclusivement pour objet l'étude et la défense des intérêts économiques, industriels, commerciaux et agricoles.

Art. 4 — Les fondateurs de tout syndicat professionnel devront déposer les statuts et les noms de ceux qui, à un titre quelconque, seront chargés de l'Administration ou de la direction.

Ce dépôt aura lieu à la mairie de la localité où le syndicat est établi, et, à Paris, à la préfecture de la Seine. Ce dépôt sera renouvelé à chaque changement de la direction ou des statuts. Communication des statuts devra être donnée par le maire ou par le préfet de la Seine au procureur de la République. Les membres de tout syndicat professionnel chargés de l'administration ou de la direction de ce syndicat, devront être Français et jouir de leurs droits civils.

ART. 5 — Les syndicats professionnels régulièrement constitués, d'après les prescriptions de la présente loi, pourront librement se concerter pour l'étude et la défense de leurs intérêts économiques, industriels, commerciaux et agricoles. Ces unions devront faire connaître, conformément au deuxième paragraphe de l'article 4, les noms des syndicats qui les composent. Elles ne pourront posséder aucun immeuble ni ester en justice.

ART. 6 — Les syndicats professionnels de patrons ou d'ouvriers auront le droit d'ester en justice. Ils pourront employer les sommes provenant des cotisations. Toutefois, ils ne pourront acquérir d'autres immeubles que ceux qui seront nécessaires à leurs réunions, à leurs bibliothèques et à des cours d'instruction professionnelle. Ils pourront, sans autorisation, mais en se conformant aux autres dispositions de la loi, constituer entre leurs membres des Caisses spéciales de secours mutuels et de retraites. Ils pourront librement créer et administrer des offices de renseignements pour les offres et les demandes de travail. Ils pourront être consultés sur les différends et toutes les questions se rattachant à leur spécialité. Dans les affaires

contentieuses, les avis du syndicat seront tenus
à la disposition des parties, qui pourront en
prendre communication et copie.

Art. 7 — Tout membre d'un syndicat professionnel peut se retirer à tout instant de
l'association, nonobstant toute clause contraire,
mais sans préjudice du droit pour le syndicat de
réclamer la cotisation de l'année courante.
Toute personne qui se retire d'un syndicat
conserve le droit d'être membre des sociétés de
secours mutuels et de pensions de retraite pour
la vieillesse à l'actif desquelles elle a contribué
par des cotisations ou versement de fonds.

Art. 8 — Lorsque les biens auront été
acquis contrairement aux dispositions de l'article 6, la nullité de l'acquisition ou de la libéralité
pourra être demandée par le procureur de la
République ou par les intéressés. Dans le cas
d'acquisition à titre onéreux, les immeubles seront vendus, et le prix en sera déposé à la caisse
de l'association. Dans le cas de libéralité, les
biens feront retour aux disposants ou à leurs
héritiers ou ayants cause.

Art. 9 — Les infractions aux dispositions
des articles 2, 3, 4, 5 et 6 de la présente loi
seront poursuivies contre les directeurs ou administrateurs des syndicats et punies d'une
amende de 16 à 200 francs. Les tribunaux pourront en outre, à la diligence du procureur de la
République, prononcer la dissolution du syndi-

cat et la nullité des acquisitions d'immeubles faites en violation des dispositions de l'article 6. Au cas de fausse déclaration relative aux statuts et aux noms et qualités des administrateurs ou directeurs, l'amende pourra être portée à 500 f.

ART. 10 — La présente loi est applicable à l'Algérie. Elle est également applicable aux colonies de la Martinique, de la Guadeloupe et de la Réunion. Toutefois, les travailleurs étrangers et engagés sous le nom d'immigrants ne pourront faire partie des syndicats.

Circulaire de M. le Ministre de l'Intérieur
du 27 Août 1884
(EXTRAIT)

« La loi du 21 Mars 1884 n'exige de la part des associations syndicales qu'une seule condition pour leur établissement régulier, pour leur fondation légale, la publicité.

« Faire connaître leurs statuts, la liste de leurs sociétaires, justifier en un mot de leur qualité de *syndicats* professionnels, telle est, au point de vue des formes qu'elles doivent obserser, la seule obligation qui incombe à ces associations.

« La pensée dominante du gouvernement et des Chambres, dans l'élaboration de cette loi, a été de développer parmi les travailleurs l'esprit d'association. Le législateur a fait plus encore :

pénétré de l'idée que l'association des individus, suivant leurs affinités professionnelles, est moins une arme de combat qu'un instrument de progrès matériel, moral et intellectuel, il a donné aux syndicats la personnalité civile pour leur permettre de porter au plus haut degré de puissance leur bienfaisante activité.

« La loi du 21 Mars 1884 ouvre la plus vaste carrière à l'activité des syndicats en permettant à ceux qui sont régulièrement constitués de se concerter pour l'étude et la défense de leurs intérêts économiques, industriels commerciaux et agricoles.

« Le gouvernement et les Chambres ne se sont pas laissé effrayer par le péril hypothétique d'une fédération anti-sociale de tous les travailleurs. Pleins de confiance dans la sagesse tant de fois attestée des travailleurs, les pouvoirs publics n'ont envisagé que les bienfaits certains d'une liberté nouvelle qui doit bientôt initier l'intelligence des plus humbles à la conception des plus grands problèmes économiques ou sociaux.

« L'article 1er de la loi du 21 Mars abroge la loi des 14-17 Juin 1791, qui défendait aux membres du même métier ou de la même profession de former entre eux des associations professionnelles, et l'article 416 du Code pénal ainsi conçu :

« Seront punis d'un emprisonnement de six jours à trois

mois et d'une amende de 16 à 300 francs ou de l'une de ces deux peines seulement tous ouvriers, patrons et entrepreneurs d'ouvrage qui, à l'aide d'amendes, de défenses, proscriptions, interdictions prononcées par suite d'un plan concerté, auront porté atteinte au libre exercice de l'industrie et du travail."

« De cette abrogation résultent les conséquences suivantes :

« 1º Le fait de se concerter, en vue de préparer une grève [1] n'est plus un délit ni pour les syndicats de patrons, d'ouvriers, d'entrepreneurs d'ouvrage, ni pour les ouvriers, patrons, entrepreneurs d'ouvrage non syndiqués ;

« 2º Cessent d'être considérées comme des atteintes au libre exercice de l'industrie et du travail les amendes, défenses, proscriptions, interdictions prononcées par suite d'un plan concerté.

« Mais demeure punissable, aux termes des articles 414 et 415 du Code pénal, quiconque, à l'aide de violences, voies de fait, menaces ou manœuvres frauduleuses, aura amené ou maintenu, tenté d'amener ou de maintenir une cessation concertée de travail dans le but de forcer la hausse ou la baisse des salaires ou de porter atteinte au libre exercice de l'industrie et du travail.

« Le paragraphe 2 de l'article 1er déclare non applicables aux syndicats professionnels les articles 291, 292, 293, 294 du Code pénal et la loi

---

[1] Voir ce Chapitre.

du 10 Avril 1834, qui considèrent comme illicite toute association de vingt personnes formée sans l'agrément préalable du gouvernement et frappent de peines exceptionnelles les auteurs de provocations à des crimes ou à des délits faits au sein de ces assemblées, ainsi que les chefs, directeurs et administrateurs de l'association.

« Cet article 1er consacre la liberté complète d'association, mais seulement au profit des associations professionnelles.

« Les articles 2 et 3 définissent les associations appelées à jouir du bénéfice de la présente loi. Ce sont les associations professionnelles dont les membres exercent la même profession ou des professions similaires concourant à l'établissement de travaux déterminés, et qui ont exclusivement pour but, aux termes de l'article 3, l'étude et la défense de leurs intérêts économiques, industriels, commerciaux ou agricoles.

« Les groupements réalisant ces conditions ont le droit, quel que soit le nombre de leurs membres, de se former sans autorisation du gouvernement

« Du silence de la loi ou des discussions qui ont eu lieu dans les Chambres, il faut conclure :

« 1° Qu'un syndicat peut recruter ses membres dans toutes les parties de la France ;

« 2° Que les étrangers, les femmes, en un

mot tous ceux qui sont aptes, dans les termes de notre droit, à former des conventions régulières, peuvent faire partie d'un syndicat ;

« 3° Que ces mots *"professions similaires concourant à l'établissement d'un produit déterminé"* doivent être entendus dans un sens large.

« Ainsi, sont admis à se syndiquer entre eux tous les ouvriers concourant à la fabrication d'une machine, à la construction d'un bâtiment, d'un navire, etc. . . . . ;

« 4° Que la loi est faite pour tous les individus exerçant un métier ou une profession, par exemple, les employés de commerce, les cultivateurs, fermiers ou ouvriers agricoles, etc. . . . ;

« En accordant la liberté la plus large aux syndicats professionnels, la loi, pour toute garantie, leur demande une déclaration de naissance par l'article 4, qui prescrit le dépôt des statuts et des noms de ceux qui, à un titre quelconque, seront chargés de l'administration ou de la direction. La publicité est, en effet, le corollaire naturel et indispensable de la liberté d'association ; c'est la seule garantie possible de l'observation de cette condition exigée par la loi : le caractère professionnel de l'association.

« Le même article porte que le dépôt doit être renouvelé à chaque changement de la direction ou des statuts.

« L'authenticité des statuts doit être établie

par des signatures.

« Il sera indispensable que, dans chaque mairie, il soit tenu un registre spécial où seront mentionnés à leur date le dépôt des statuts de chaque syndicat, le nom des administrateurs ou directeurs, la délivrance du récépissé.

« L'obligation, pour les syndicats en formation, d'opérer le dépôt n'existe qu'à partir du jour où les statuts ont été arrêtés, où, par conséquent, le syndicat est matériellement formé. Jusque là, les fondateurs ont toute liberté de se réunir pour en concerter les dispositions sans être exposés aux pénalités des articles 291 et suivants du Code pénal ou à celles de l'article 10 de la présente loi.

« Le dernier paragraphe de l'article 4 écarte des fonctions de directeur et administrateur des syndicats les étrangers, même ceux qui ont été admis à établir leur domicile en France, et les Français qui ne jouissent pas de leurs droits civils, c'est-à-dire auxquels une condamnation a enlevé l'exercice de quelques-uns de ces droits.

« L'article 5 reconnaît la liberté des unions de syndicats professionnels régulièrement constitués, aux termes de la présente loi. Elles n'ont besoin, pour se former, d'aucune autorisation préalable. Il suffit qu'elles remplissent les formalités prescrites par les articles 4 et 5 combinés, c'est-à-dire qu'elles déposent à la mairie du lieu où leur siège est établi et, s'il est à Paris, à la Préfecture de la Seine, le nom des syndicats qui les composent. Si l'union est régie par les statuts, elle doit également les déposer. Il est également nécessaire que l'union fasse connaître le lieu où siègent les syndicats unis.

« Les autres formalités à remplir sont les mêmes pour les unions et pour les syndicats. La loi du 21 Mars n'accorde, à aucun degré, aux unions de syndicats la faveur de la personnalité civile. Il a été reconnu qu'elles pouvaient s'en passer. Elle a réservé ce privilège aux syndicats professionnels par l'article 6.

« A l'égard des immeubles, la loi permet aux syndicats d'acquérir seulement ceux qui sont nécessaires à leurs réunions, à leurs bibliothèques et à des cours d'instruction professionnelle. Ces immeubles ne doivent pas être détournés de leur destination.

« Les syndicats font un libre emploi des sommes provenant des cotisations : placements, secours individuels en cas de maladie, de chômage ; achat de livres, d'instruments, fondation de cours d'enseignement professionnel, etc. Ces divers actes ne sont soumis à aucune autorisation administrative. Le syndicat demeure libre de prélever sur son propre fonds des secours individuels et purement gracieux.

« Quant aux associations qui, sous le couvert de syndicats, ne seraient point en réalité des sociétés professionnelles, c'est la législation générale et non la loi du 21 Mars qui leur serait applicable. »

UN POINT DE DROIT — Mr Burnichon ouvrier tourneur sur cuivre à Lyon, ne faisant pas partie du syndicat Lyonnais des ouvriers tourneurs-robinetiers, s'est vu dans l'impossibilité de trouver du travail par suite de l'attitude prise à son égard par ce syndicat, qui menaçait d'une grève les patrons disposés à l'occuper.

Pour être indemnisé du préjudice qui lui a été ainsi causé, il a assigné en payement de dommages-intérêts le syndicat des tourneurs sur cuivre devant le tribunal civil de Lyon, lequel l'a autorisé à prouver par témoins les faits par lui articulés.

Le syndicat a interjeté appel de ce jugement interlocutoire ; toutefois, malgré cet appel, il a été procédé à l'enquête. C'est dans ces conditions que la cause a été plaidée devant la cour.

La cour a jugé l'enquête nulle pour vice de forme. Mais, évoquant et statuant sur le fond, elle a condamné le syndicat à payer à Burnichon 2000 francs de dommages-intérêts.

L'arrêt consacre les principes suivants :

« S'il est vrai qu'aux termes de l'art. 6 de la loi du 21 Mars 1884 les syndicats professionnels peuvent créer et administrer des offices de renseignements pour les offres et demandes de travail, c'est à la condition qu'ils emploient, pour le faire, les moyens honnêtes et licites, et qu'ils ne signifient pas aux patrons l'interdiction d'employer aucun ouvrier non syndiqué sous menace de grève.

« De semblables manœuvres engagent la responsabilité du syndicat envers ceux qui en sont les victimes ».

GRÈVES

Conciliation — Arbitrage — Conseils de Prud'hommes

La grève ou chômage volontaire est le moyen employé par l'ouvrier pour forcer le patron à accepter des revendications, qui ne sont pas toujours raisonnables. Le patron peut aussi fermer l'usine ou l'atelier; mais c'est un droit qui, dans un sentiment d'injustice, est souvent contesté.

On ne saurait trop mettre en garde l'ouvrier contre les violents qui poussent à la grève, contre ceux qui déclarent la guerre à l'infâme capital, comme ils disent. Le capital — nous avons déjà eu l'occasion d'en parler — est un puissant ressort de l'activité nationale: il n'est pas l'ennemi du travail, mais son auxiliaire indispensable.

Les grèves sont néfastes pour l'employeur et l'employé. Si le chômage " *volontaire* " est déclaré dans une usine, les commandes ne s'exécutent pas, elles vont ailleurs; c'est ainsi que l'industrie émigre et ne revient plus. Qu'en résulte-t-il? Amoindrissement du capital, diminution des salaires et parfois le chômage " *forcé* ".

Pendant une grève, le patron n'est pas tenu

de fermer ses ateliers, de refuser les ordres des clients. Il peut embaucher d'autres ouvriers; et, si son effectif est reconstitué, n'est-il pas en droit de fermer sa porte aux grévistes, quand ils sont disposés à reprendre le travail?

Une mauvaise entente vaut mieux qu'un bon procès, déclare-t-on. Ce sage précepte mérite d'être suivi dans tout différend.

Nous ne saurions trop recommander aux patrons d'écouter avec bienveillance, d'examiner avec justice les revendications de leur personnel. Aux travailleurs nous dirons: soumettez avec calme et déférence vos desiderata, les améliorations qui vous paraissent susceptibles d'être accordées.

Les grèves, à peu près inconnues autrefois en France, sont d'importation étrangère. En Amérique, pays où le chômage *"volontaire"* est appliqué fréquemment, les résultats obtenus par les ouvriers sont-ils de nature à encourager, à recommander l'emploi de ce moyen extrême?

Si on examine avec impartialité la statistique fournie par la Fédération ouvrière ou les syndicats des travailleurs américains, on reconnaît que les grèves ont occasionné des pertes de salaires énormes. De plus, un grand nombre d'ouvriers n'ont pas retrouvé leur emploi et ils sont allés grossir cette formidable armée des *"sans travail"*.

Le Boycottage est un article d'importation

contre lequel il n'existe pas malheureusement des droits de douane protecteurs. Cette mise à " *l'index* " est une manœuvre aussi injuste qu'illégale.

La perspective de la misère pour l'ouvrier et sa famille n'est pas faite pour tenter le travailleur honnête et laborieux qui trouvera dans l'épargne ou la coopération la satisfaction, le relèvement et le bien-être.

Nous avons tous présent à la mémoire l'échec de deux grèves récentes (*Mécaniciens anglais et ouvriers des chantiers de la Seyne*).

Pour atténuer les maux provoqués par les grèves, le Gouvernement et les pouvoirs publics ont préconisé la **conciliation**.

La loi du 27 Décembre 1892 sur la conciliation et l'arbitrage facultatifs en matière de différends collectifs entre patrons et ouvriers ou employés, a institué le juge de paix comme médiateur, et c'est à ce magistrat qu'appartient la direction des débats. En cas de grève, à défaut d'initiative de la part des intéressés, le juge de paix peut même inviter d'office les patrons, ouvriers ou employés, ou leurs représentants, à lui faire connaître l'objet du différend et l'acceptation ou le refus de recourir à la conciliation et à l'arbitrage.

D'autres mesures sont prises pour empêcher l'excitation à la grève et l'entrave à la liberté du travail.

Loi du 25 Mai 1864 modifiant les articles 414, 415 et 416 du Code pénal (*Violation des règlements relatifs aux manufactures, au commerce et aux arts*).

ARTICLE PREMIER — Les articles 414, 415 et 416 du Code pénal sont abrogés. Ils sont remplacés par les articles suivants :

ARTICLE 414.

« Sera puni d'un emprisonnement de six jours à trois ans et d'une amende de 16 à 3.000 francs, ou de l'une de ces deux peines seulement, quiconque, à l'aide de violences, voies de fait, menaces ou manœuvres frauduleuses, aura amené ou maintenu, tenter d'amener ou de maintenir une cessation concertée de travail, dans le but de forcer la hausse ou la baisse des salaires, ou de porter atteinte au libre exercice de l'industrie ou du travail.

ARTICLE 415.

« Lorsque les faits punis par l'article précédent auront été commis par suite d'un plan concerté, les coupables pourront être mis, par l'arrêt ou le jugement, sous la surveillance de la haute police (1) pendant deux ans au moins et cinq ans au plus.

---

(1) *La surveillance de la haute police a été supprimée par la loi du 27 Mai 1885, et elle a été remplacée par l'interdiction de séjour.*

ARTICLE 416.

« Seront punis d'un emprisonnement de six jours à trois mois et d'une amende de 16 à 300 francs, ou de l'une de ces deux peines seu - lement, tous ouvriers, patrons et entrepreneurs d'ouvrage qui, à l'aide d'amendes, défenses, prescriptions, interdictions prononcées, par suite d'un plan concerté, auront porté atteinte au libre exercice de l'industrie ou du travail (2)»

ART. 2 — Les articles 414, 415 et 416 ci-dessus sont applicables aux propriétaires et fermiers, ainsi qu'aux moissonneurs, domestiques et ouvriers de la Campagne. Les articles 19 et 20 du titre II de la loi des 28 Septembre et 6 Octobre 1791 *(police rurale)* sont abrogés.

Les Conseils de Prud'hommes sont composés de patrons et d'ouvriers, âgés de 30 ans, exerçant leur état depuis 5 ans, sachant lire et écrire et n'ayant jamais fait faillite. Ces *"juges"* prêtent serment entre les mains du Préfet.

Ces conseils peuvent juger en conciliation, et ils sont compétents pour les différends qui s'élèvent entre patrons et ouvriers, lorsqu'ils ne sont pas du ressort des tribunaux de commerce.

Cette juridiction est constituée pour juger promptement et sans frais, et ses décisions sont en dernier ressort, si l'affaire n'excède pas cent

---

(2) *Voir, au chapitre Syndicats, la loi du 21 Mars 1884, relative aux syndicats professionnels.*

francs. L'appel est porté devant le tribunal correctionnel.

———

Le congrès des agents de chemins de fer vient de terminer ses travaux. Une délégation s'est présentée auprès des directeurs des Compagnies, dont deux seulement ont consenti à recevoir les délégués, Mr BARABANT, à l'Est, et Mr NOBLEMAIRE, au P.-L.-M.

Le congrès a discuté en séance publique la question de la **grève générale**, et le principe de la grève générale a été adopté par 52 voix contre 13, 28 abstentions et 7 absences.

Si le congrès et le syndicat dit *"des travailleurs des chemins de fer"* se bornaient à organiser des *"meetings"*, nous n'aurions rien à dire ; mais, où nous trouvons que ces messieurs exagèrent et font de mauvaise besogne, c'est quand ils prêchent la guerre entre le Travail et le Capital et qu'ils excitent à la grève.

Est-ce l'échec lamentable des grèves en général qui peut recommander l'application d'un pareil moyen ? Ou le syndicat pense-t-il rencontrer dans le public, l'accueil fait aux grévistes de la Compagnie des Omnibus ? Cette dernière grève s'est produite dans des conditions particulières, et le personnel des chemins de fer, qui n'a pas les mêmes raisons que les employés des omnibus, ne serait pas approuvé.

L'examen de la situation et des intérêts matériels des agents de nos réseaux ferrés, sans parler de leur esprit de discipline, leur recommande d'ailleurs de recourir à des procédés justes et raisonnables. Leur position est susceptible d'amélioration — nous le reconnaissons — mais les Compagnies refusent-elles d'entendre les revendications légitimes et ne s'intéressent-elles pas aux œuvres fraternelles ou aux institutions de prévoyance créées en faveur du personnel ?

Les idées de discorde, comme le socialisme et le communisme, ne font pas de progrès dans notre pays laborieux et sage. Les élections actuelles — que l'on nous pardonne cette petite incursion — donnent, à cet égard, un enseignement des plus sérieux.

Braves employés et ouvriers, honnêtes travailleurs, vous comprenez que ce n'est pas dans la politique et l'agitation stérile que se trouvera la solution du problème social.

***

L'office du travail publie, chaque année, une statistique des conflits qui s'élèvent entre patrons et ouvriers. Le tableau des grèves pour 1897 est actuellement sous presse.

Il y a eu, l'an dernier, 356 grèves qui ont englobé près de 69.000 travailleurs. Les chiffres avaient atteint, en 1893, 634 et 170.000; en 1894, 391 et 54.500; en 1895, 405 et 46.000; en 1896, 476 et 50.000.

Le nombre des établissements atteints par les grèves a été de 2.568, dont 65 sociétés, avec un personnel égal au quart environ du total des ouvriers englobés dans les chômages de l'année.

Les grèves ont diminué de plus de moitié dans les industries textiles; 82 en 1897 au lieu de 197 en 1896; par contre, elles se sont sensiblement accrues dans les industries du bâtiment, 78 contre 50.

Si l'on classe les chômages selon leurs motifs divers, l'on constate que 63 0/0 ont été provoqués par les questions de salaires. Le reste est dû, pour 21 0/0 environ, aux questions de personnes, puis aux demandes de diminution des heures travail, aux contestations de règlement, etc. etc.

L'office du travail s'est efforcé de noter les conséquences matérielles des grèves. Cette statistique présente un très réel intérêt.

105 grèves avaient pour but d'assurer une augmentation de salaires; elles intéressaient exactement 26.745 ouvriers; 27 ont réussi, 62 ont échoué; les autres se sont liquidées par des transactions. Les pertes totales ont été de 2.148.000 francs.

L'office du travail estime que les profits réalisés par les grèves ne sauraient se comparer au préjudice subi.

L'office du travail estime que les profits réalisés par les grèves ne sauraient se comparer au préjudice subi.

LE MUSÉE SOCIAL

L'**Economie Sociale** est une science toute récente que l'on pourrait appeler "*la science du bonheur*". Elle s'est constituée, développée, grâce à l'intelligente méthode de LE PLAY, ou autres économistes distingués.

Nous voyons l'économie sociale faire sa première apparition officielle à l'Exposition universelle de 1867. Depuis cette époque, nous avons assisté à son développement, et l'Exposition "*sociale*" qui, en 1889, figura sur l'esplanade des Invalides, fait le plus grand honneur à LÉON SAY, le grand économiste dont les patriotes de tous les partis ont déploré la perte.

Le Comte de CHAMBRUN (1) a créé un "*Musée Social*" qui nous renseigne parfaitement sur les conditions sociales de l'homme et des diverses corporations chez tous les peuples civilisés.

Il y a, dans ce musée, une section fort importante, consacrée aux documents. Les revues qui se rapportent aux questions sociales y sont à la disposition des visiteurs. La bibliothèque

---

(1) *Par décret, la faculté de droit de l'Université de Paris est autorisée à accepter la donation faite à son profit par le comte de Chambrun d'une rente annuelle de cinq mille francs, pendant une période de 30 ans, pour la création d'un cours « d'économie sociale comparée », sous le nom de Fondation comtesse de Chambrun.*

comprend plus de dix mille volumes relatifs au travail, à l'épargne, à la propriété, etc. Sur les murs, on voit des tableaux graphiques représentant le développement de toutes sortes d'institutions.

Ce n'est pas tout : Si des groupes d'ouvriers de patrons, d'administrateurs désirent fonder une œuvre quelconque, ou apporter un perfectionnement à une institution déjà existante, le musée met à leur disposition ses documents, et si l'entreprise semble intéressante et utile, des hommes compétents donnent leurs conseils éclairés.

Le service de consultation correspond à plusieurs comités, parmi lesquels nous relevons: sections des associations ouvrières et coopératives, sections des assurances sociales, section des institutions patronales. La "*Revue encyclopédique*" nous apprend que la question des caisses de retraites et celle des sociétés coopératives de consommation ont donné lieu au plus grand nombre de demandes de Conseils.

Nombreuses aussi sont les consultations relativement à la fondation de sociétés de secours mutuels, de constructions d'habitations à bon marché, à la création de syndicats.

Les idées de mutualité, d'association et d'épargne sont admirablement mises en relief et d'une façon très pratique par le "*Musée social*", qui a été reconnu d'utilité publique.

TABLE

www.ingramcontent.com/pod-product-compliance
Ingram Content Group UK Ltd.
Pitfield, Milton Keynes, MK11 3LW, UK
UKHW020949120726
13693UKWH00004B/1631